Impressum
Verlag: BABADADA GmbH, Nedderfeld 112 , 22529 Hamburg
Geschäftsführer / Verlagsleitung: Harald Hof
Druck: Books on Demand GmbH, In de Tarpen 42, 22848 Norderstedt

Imprint
Publisher: BABADADA GmbH, Nedderfeld 112 , 22529 Hamburg, Germany
Managing Director / Publishing direction: Harald Hof
Print: Books on Demand GmbH, In de Tarpen 42, 22848 Norderstedt, Germany

sekolah

shkolla

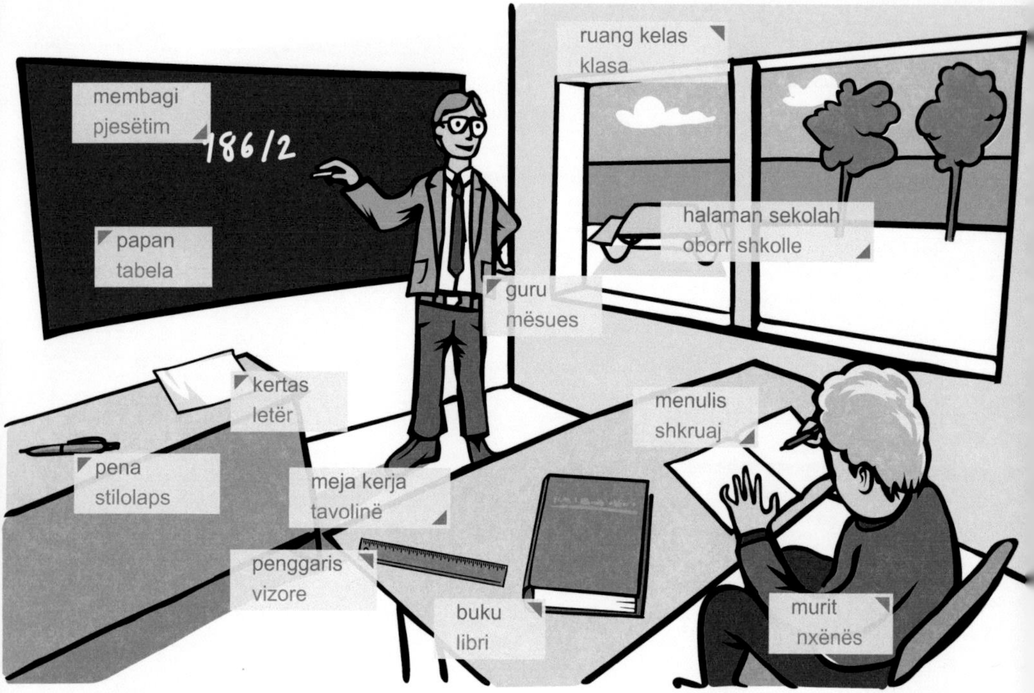

ruang kelas
klasa
membagi
pjesëtim
186/2
papan
tabela
halaman sekolah
oborr shkolle
guru
mësues
kertas
letër
menulis
shkruaj
pena
stilolaps
meja kerja
tavolinë
penggaris
vizore
buku
libri
murit
nxënës

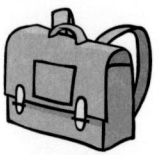

tas sekolah

çantë

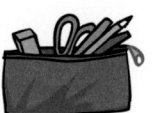

tempat pensil

mbajtëse lapsash

pensil

laps

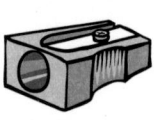

pengasah pensil

mprehës lapsash

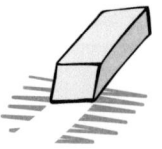

penghapus

gomë

kertas gambar

fletore vizatimi

gambar

vizatim

kuas

penel

kotak cat

kuti bojërash

gunting

gërshërë

lem

ngjitës

buku latihan

fletore detyrash

pekerjaan rumah

detyrë shtëpie

angka

numër

tambhakan

mbledh

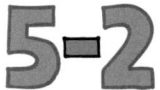

mengurangi

zbres

mengalikan

shumëzoj

menghitung

llogaris

huruf

gërmë

alfabet

alfabeti

kata

fjalë

teks

tekst

membaca

lexoj

kapur

shkumës

pelajaran

mësim

daftar

regjistër

ujian

provim

sertifikat

çertifikatë

seragam sekolah

uniformë shkolle

pendidikan

arsimim

ensiklopedi

enciklopedia

universitas

universitet

mikroskop

mikroskop

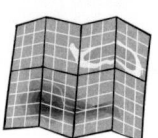

peta

hartë

tempat sampah

kosh letrash

perjalanan
udhëtim

hotel
hotel
hostel
bujtinë
ROOMS
CHANGE
kantor pertukaran mata uang
pikë këmbimi valutor
koper
valixhe
mobil
makinë

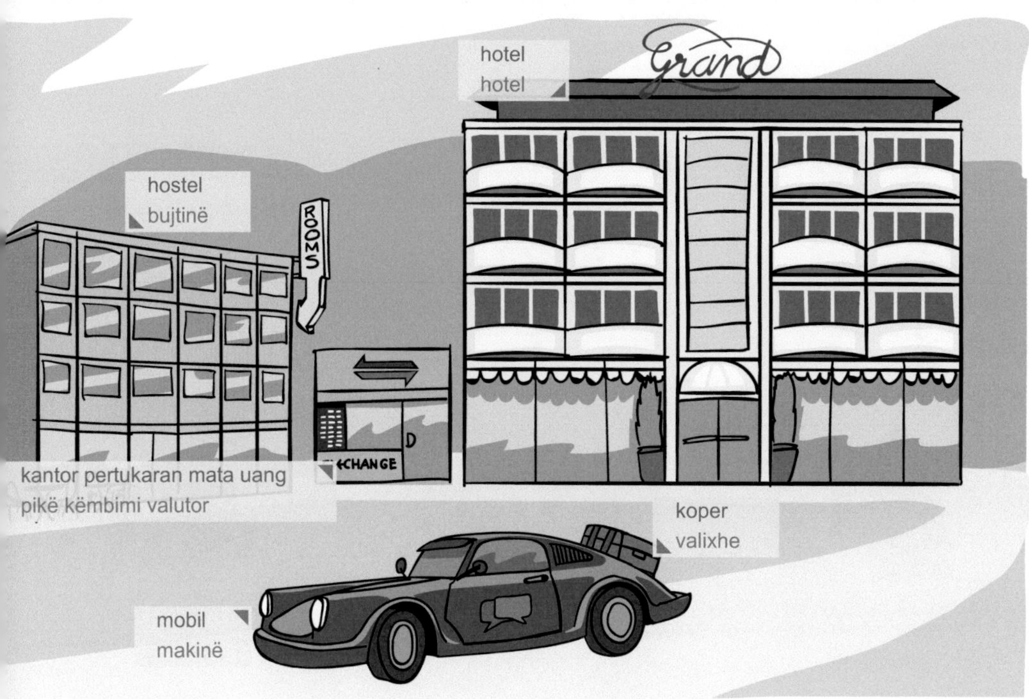

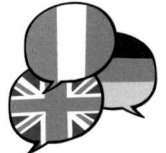

bahasa

gjuhë

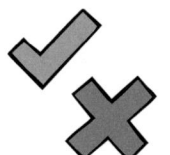

ya / tidak

po / jo

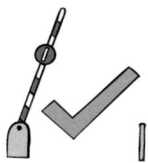

okay

Në rregull

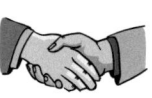

hallo

ç'kemi

penerjemah

përkthyes

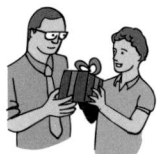

terima kasih

Faleminderit

Berapa harganya…?

sa kushton…?

saya tidak mengerti

nuk e kuptoj

masalah

problem

Selamat malam!

Mirëmbrëma!

Selamat siang!

Mirëmëngjes!

Selamat tidur!

Natën e mirë!

sampai jumpa

mirupafshim

arah

drejtim

bagasi

bagazhet

tas

çantë

ransel

çantë shpine

tamu

mysafir

ruang

dhomë

kantong tidur

thes gjumi

tenda

tendë

informasi wisata

informacion për turistët

pantai

plazh

kartu kredit

kartë krediti

sarapan

mëngjes

makan siang

drekë

makan malam

darkë

tiket

Biletë

elevator

ashensor

perangko

pulla

perbatasan

kufi

cukai

doganë

kedutaan

ambasadë

visa

vizë

paspor

pasaportë

transportasi

transport

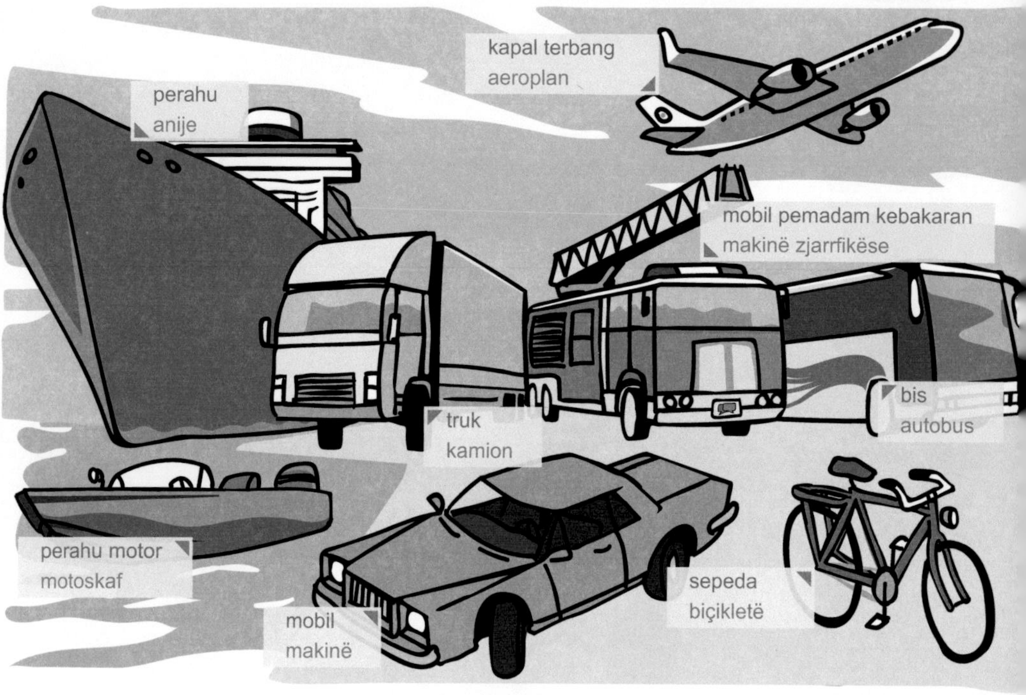
kapal terbang
aeroplan
perahu
anije
mobil pemadam kebakaran
makinë zjarrfikëse
bis
autobus
truk
kamion
perahu motor
motoskaf
mobil
makinë
sepeda
biçikletë

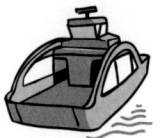

feri

traget

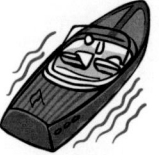

perahu

varkë

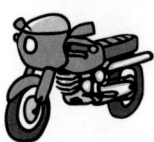

sepeda motor

motoçikletë

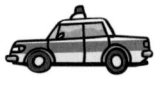

mobil polisi

makinë policie

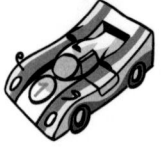

mobil balapan

makinë garash

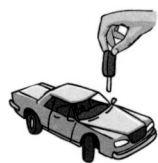

mobil sewa

makinë me qira

berbagi mobil

ndarje e qirasë së makinës

truk derek

karroatrec

truk sampah

makinë plehrash

motor

motor

bahan bakar

benzinë

bensin

pikë karburanti

tanda lalulintas

sinjalistikë trafiku

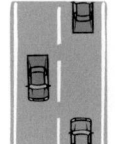

lalulintas

trafik

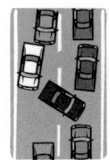

macet

bllokim trafiku

parkir mobil

parkim makinash

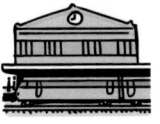

stasiun kereta

stacion treni

trek

trase

kereta api

tren

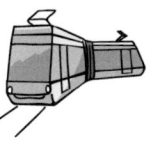

tram

tramvaj

gerobak

karro

helikopter
helikopter

bendara
aeroport

menara
kullë

penumpang
pasagjer

container
kontenier

karton
kuti kartoni

troli
qerre

keranjang
shportë

berangkat / mendarat
ngrihem / ulem

kota
qytet

desa
fshat

pusat kota
qendra e qytetit

rumah
shtëpi

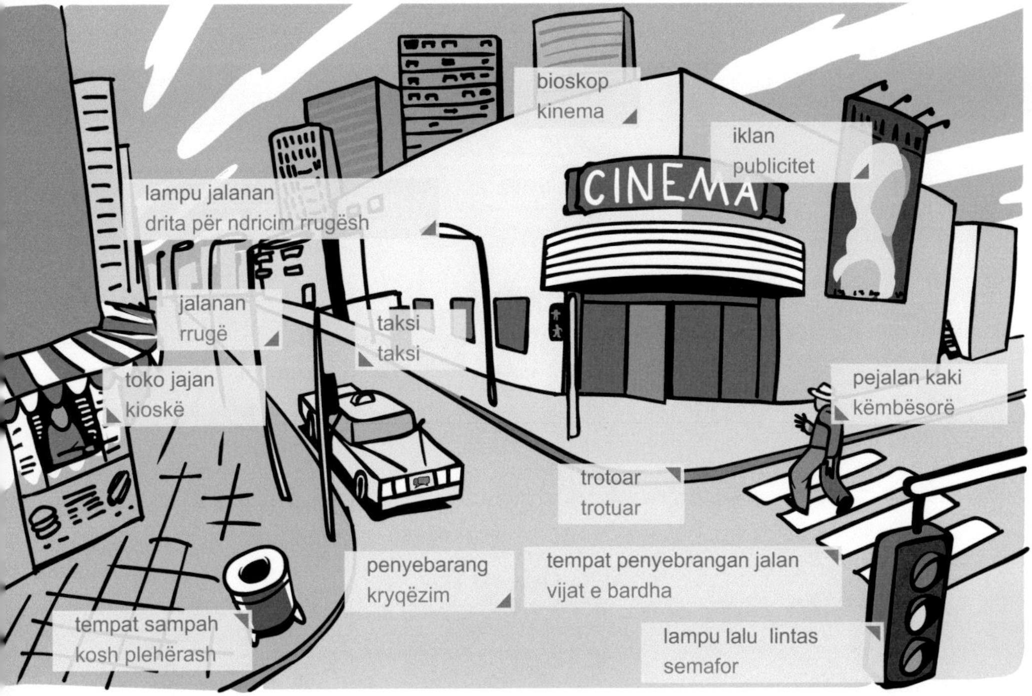

bioskop
kinema

iklan
publicitet

lampu jalanan
drita për ndricim rrugësh

CINEMA

jalanan
rrugë

taksi
taksi

toko jajan
kioskë

pejalan kaki
këmbësorë

trotoar
trotuar

penyebarang
kryqëzim

tempat penyebrangan jalan
vijat e bardha

tempat sampah
kosh plehërash

lampu lalu lintas
semafor

gubuk

kasolle

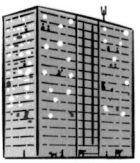

rumah flat

apartament

stasiun kereta

stacion treni

balai kota

bashki

museum

muze

sekolah

shkolla

universitas
universitet

bank
bankë

rumah sakit
spital

hotel
hotel

farmasi
farmaci

kantor
zyrë

toko buku
librari

toko
dyqan

toko bunga
dyqan lulesh

supermarket
supermarket

pasar
market

toko serba ada
mapo

nelayan
dyqan peshku

pusat belanja
qëndër tregtare

pelabuhan
port

taman

park

banku

stol

jembatan

urë

tangga

shkallë

kereta bawah tanah

metro

terowongan

tunel

pemberhantian bis

stacion autobuzi

bar

bar

restauran

restorant

kotak surat

kuti postare

tanda jalan

sinjalistikë rrugore

meteran parkir

kohëmatës parkimi

kebun binatang

kopsht zoologjik

kolam renang

pishinë

mesjid

xhami

pertanian

fermë

polusi

ndotje

kuburan

varrezë

gereja

kishë

tempat bermain

shesh lojërash

pura

tempull

pemandangan
peisazh

daun
gjethe

penunjuk arah
tabela orientuese

jalanan
rrugë

padang rumput
livadh

batu
gurë

pohon
pemë

pejalak kaki
ekskursionist

sungai
lumë

rumput
bar

bunga
lule

lembah

luginë

bukit

kodër

danau

liqen

hutan

pyll

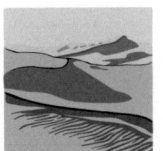

padang gurun

shkretëtirë

gunung berapi

vullkan

istana

kështjellë

pelangi

ylber

jamur

kepudhë

pohon palem

palmë

nyamuk

mushkonjë

lalat

mizë

semut

milingonë

lebah

bletë

laba-laba

merimangë

kumbang
brumbull

kodok
bretkosë

tupai
ketër

landak
iriq

kelinci
lepur

burung hantu
buf

burung
zog

angsa
mjellmë

babi jantan
derr i egër

rusa
dre

rusa
dre brilopatë

bendungan
digë

turbin angin
turbinë ere

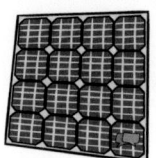

panel surya
panel diellor

iklim
klimë

restauran

restorant

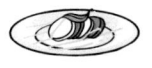

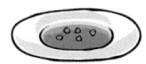

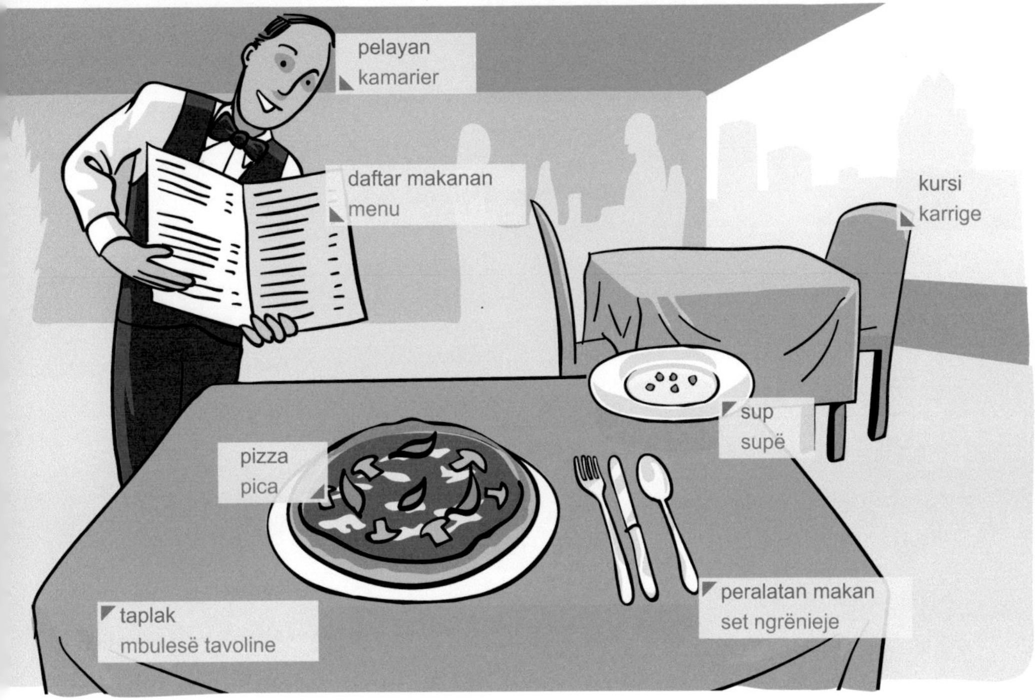
pelayan
kamarier
daftar makanan
menu
kursi
karrige
sup
supë
pizza
pica
taplak
mbulesë tavoline
peralatan makan
set ngrënieje

hindangan pembuka

pjatë e parë

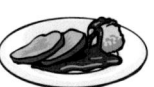

hidangan utama

pjatë kryesore

hidangan penutup

ëmbëlsirë

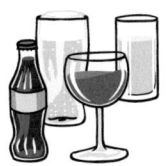

minuman

pije

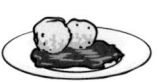

makanan

ushqim

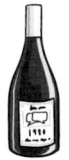

botol

shishe

fastfood

ushqim i shpejtë

masakan jalanan

ushqim i shërbyer në rrugë

teko teh

ibrik çaji

kaleng gula

kuti sheqeri

porsi

racion

mesin espresso

makinë kafeje ekspres

kursi tinggi

karrige e lartë

tagihan

faturë

baki

tabaka

pisau

thika

garpu

pirun

sendok

lugë

sendok teh

lugë çaji

serbet

pecetë

gelas

gotë

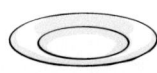

piring

pjatë

piring sup

pjatë supe

lepek

pjatë filxhani

saus

salcë

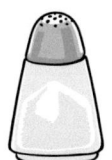

tempat garam

mbajtëse kripe

gilingan merica

mulli piperi

cuka

uthull

minyak

vaj

bumbu

erëza

saus tomat

keçap

mustar

mustardë

mayones

majonezë

supermarket

supermarket

penawaran khusus
ofertë speciale
FOR
klien
klient
produk susu
produkte bulmeti
buah
frut
troli
karrocë pazari

BUTCHERS

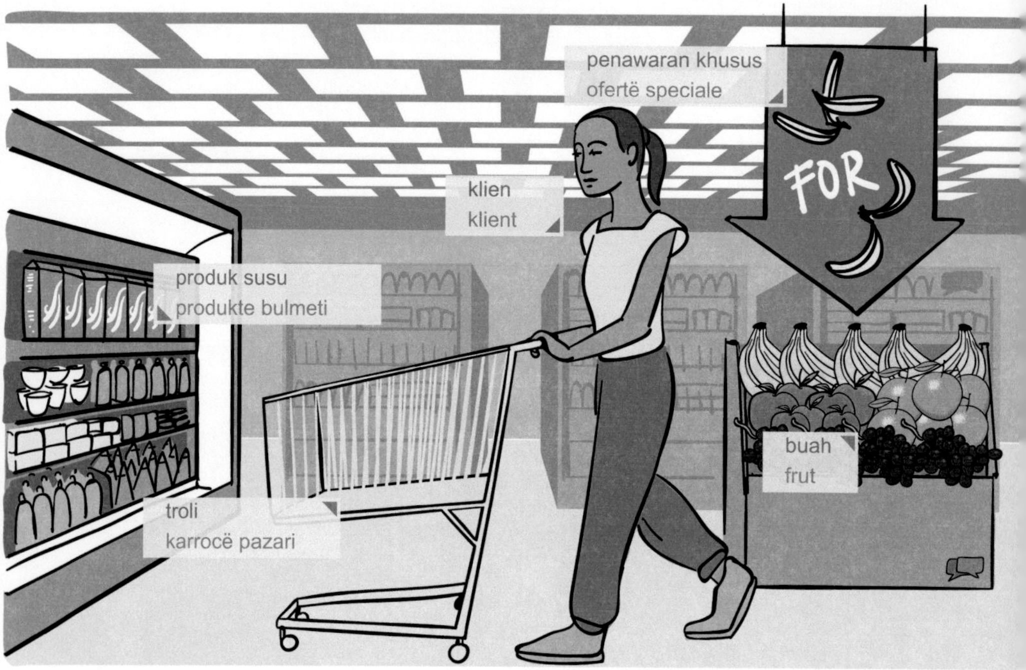

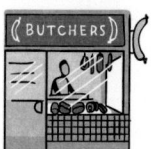

pembantai

dyqan mishi

BAKERY

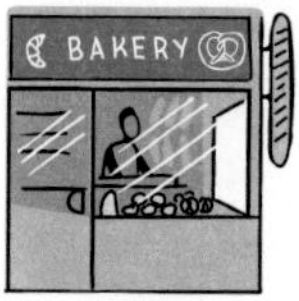

toko roti

furrë buke

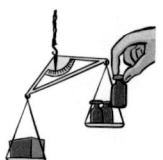

menimbang

peshoj

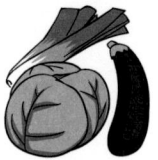

sayur

perime

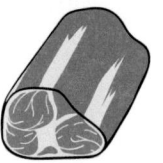

daging

mish

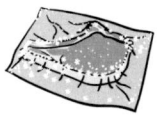

makanan beku

ushqim i ngrirë

pemotongan dingin

copë

makanan kaleng

ushqim i konservuar

sabun serbuk

pluhur larës

permen

ëmbëlsirat

alat-alat rumah tangga

prodhime shtëpie

obat pembersihan

produkte pastrimi

penjual

shitëse

kasa

kasë fiskale

kasir

arkëtar

daftar belanja

listë blerjeje

jam buka

oraret e punës

dompet

portofol

kartu kredit

kartë krediti

tas

çantë

kantong plastik

qese plastike

air

ujë

jus

lëng frutash

susu

qumësht

cola

koka-kola

anggur

verë

bir

birrë

alkohol

alkool

coklat

kakao

teh

çaj

kopi

kafe

espresso

kafe ekspres

cappucino

kapuçino

pisang

banane

apel

mollë

jeruk

portokalle

semangka

pjepër

jeruk lemon

limon

wortel

karrotë

bawang putih

hudhër

bambu

bambu

bawang bombai

qepë

jamur

kërpudha

kacang

arra

mi

makarona

spagetti

spageti

nasi

oriz

salat

sallatë

kentang goreng

patate të skuqura

kentang goreng

patate të skuqura

pizza

pica

hamburger

hamburger

sandwich

sanduiç

sayatan

shnicel

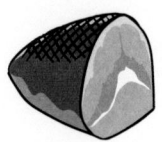

ham

proshutë

salami

sallam

sosis

salçiçe

ayam

pulë

menggoreng

skuq

ikan

peshk

bubur gandum

tërshërë

sereal

drithëra

cornflakes

kornfleiks

tepung

miell

croissant

kruasant

roti

panine

roti

bukë

toast

tost

biskuit

biskotë

mentega

gjalp

dadih

gjizë

kue

tortë

telur

vezë

telur goreng

vezë sy

keju

djathë

eskrim

akullore

gula

sheqer

madu

mjaltë

selai

marmaladë

krim nugat

çokokrem

kare

këri

pertanian
fermë

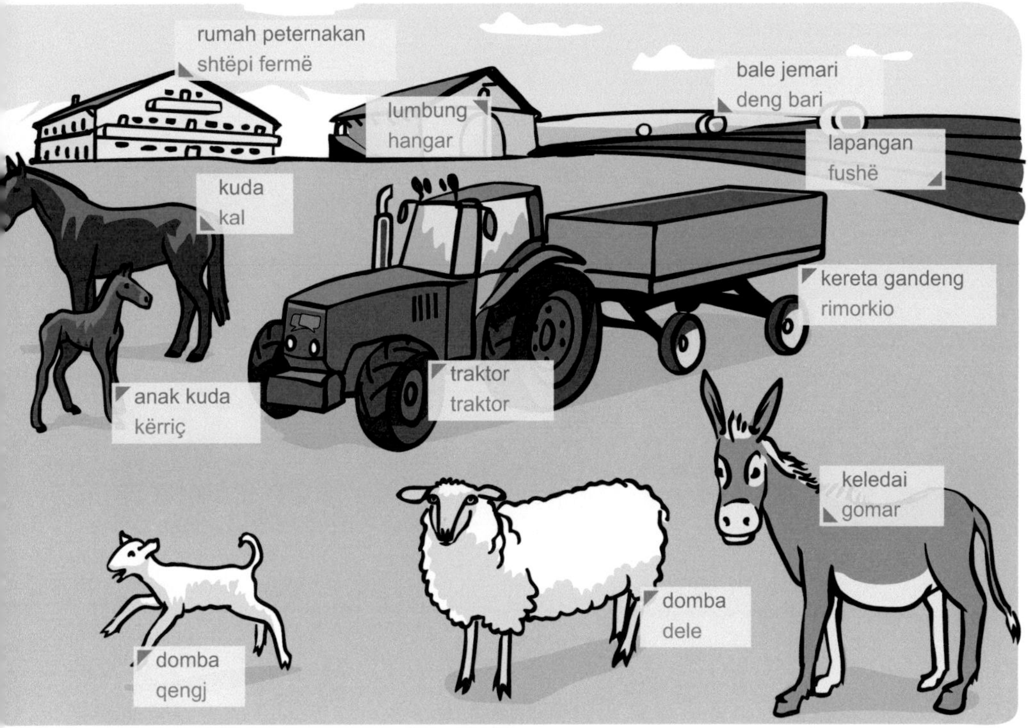
rumah peternakan
shtëpi fermë
lumbung
hangar
bale jemari
deng bari
lapangan
fushë
kuda
kal
kereta gandeng
rimorkio
traktor
traktor
anak kuda
kërriç
keledai
gomar
domba
dele
domba
qengj

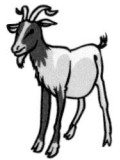

kambing
dhi

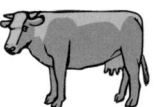

sapi
lopë

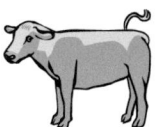

betis
viç

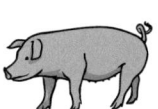

babi
derr

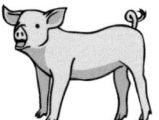

celeng
derrkuc

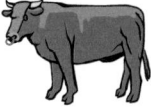

banteng
dem

angsa

patë

bebek

rosë

anak ayam

zog pule

ayam

pulë

ayam jantan

gjel

tikus

mi

kucing

mace

tikus

mi

lembu

buall

anjing

qen

rumah anjing

kolibe qeni

selang

zorrë vaditëse

penyiram

vaditëse

sabit

kosë

bajak

plug

sabit

....

drapër

cangkul

....

shat

garpu rumput

....

kosa

kapak

....

sëpatë

gerobak

....

karrocë

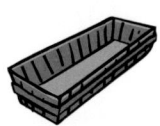

palung

....

govatë

kaleng susu

....

bidon qumështi

karung

....

thes

pagar

....

gardh

kandang

....

ahur

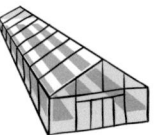

rumah kaca

....

serë

tanah

....

dhe

benih

....

farë

pupuk

....

pleh

mesin pemanen

....

autokombanjë

panen

korr

panen

te korrat

yams

patate e ëmbël "Yam"

gandum

grurë

kedelai

soja

kentang

patate

jagung

misër

lobak

raps

pohon buah

pemë frutore

singkong

zhardhok manioku

sereal

drithëra

rumah

shtëpi

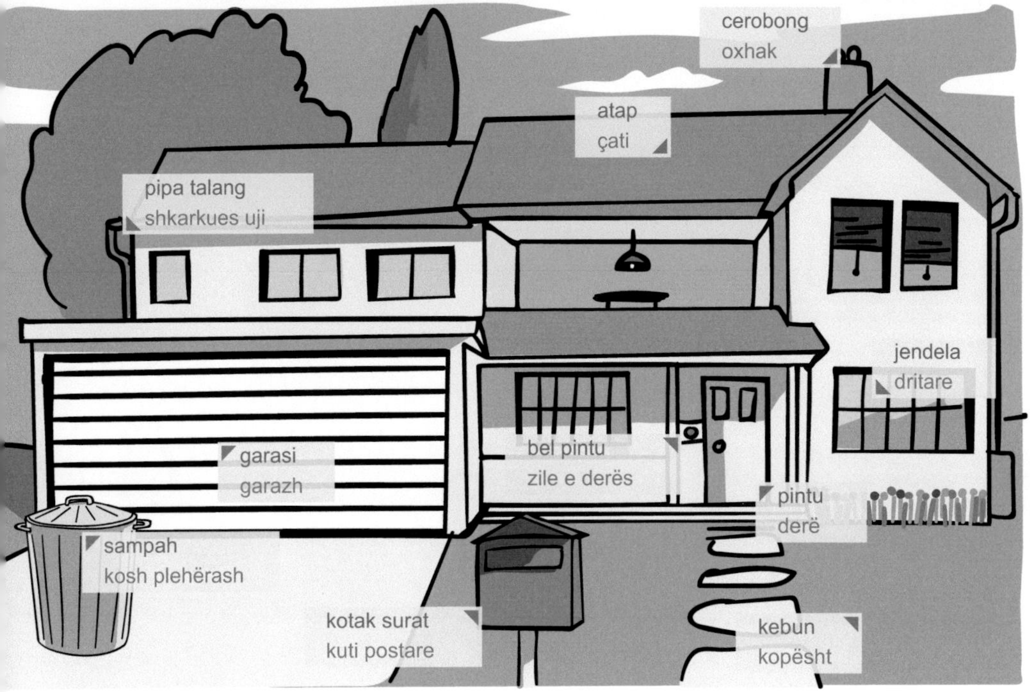
cerobong
oxhak
atap
çati
pipa talang
shkarkues uji
jendela
dritare
garasi
garazh
bel pintu
zile e derës
pintu
derë
sampah
kosh plehërash
kotak surat
kuti postare
kebun
kopësht

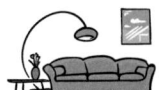

ruang tamu

dhomë ndenjeje

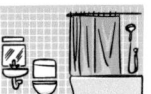

kamar mandi

tualet

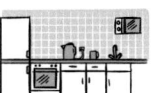

dapur

kuzhinë

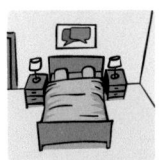

kamar tidur

dhomë gjumi

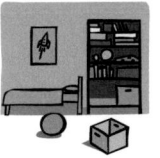

kamar anak

dhomë fëmijësh

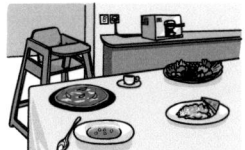

kamar makan

dhomë ngrënieje

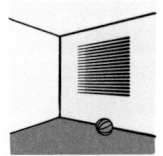

lantai

dysheme

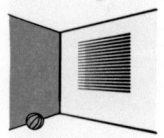

tembok

mur

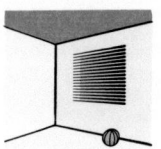

atap

tavan

gudang di bawah tanah

bodrum

sauna

sauna

balkon

ballkon

teras

tarracë

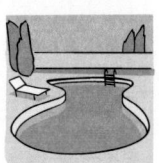

kolam renang

pishinë

mesin pemotong rumput

kositëse bari

sprei

çarçaf

selimut

kuvertë

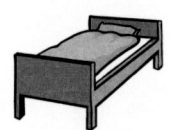

tempat tidur

krevat

sapu

fshesë dore

ember

kovë

tombol

çelës

ruang tamu
dhomë ndenjeje

kertas dinding
tapiceri
gambar
fotografi
lampu
llambë
rak
raft
kabinet
dollap
televisi
pajisje televizive
perapian
vatër
bunga
lule
bantal
jastëk
sofa
divan
vas
vazo
remote control
telekomandë

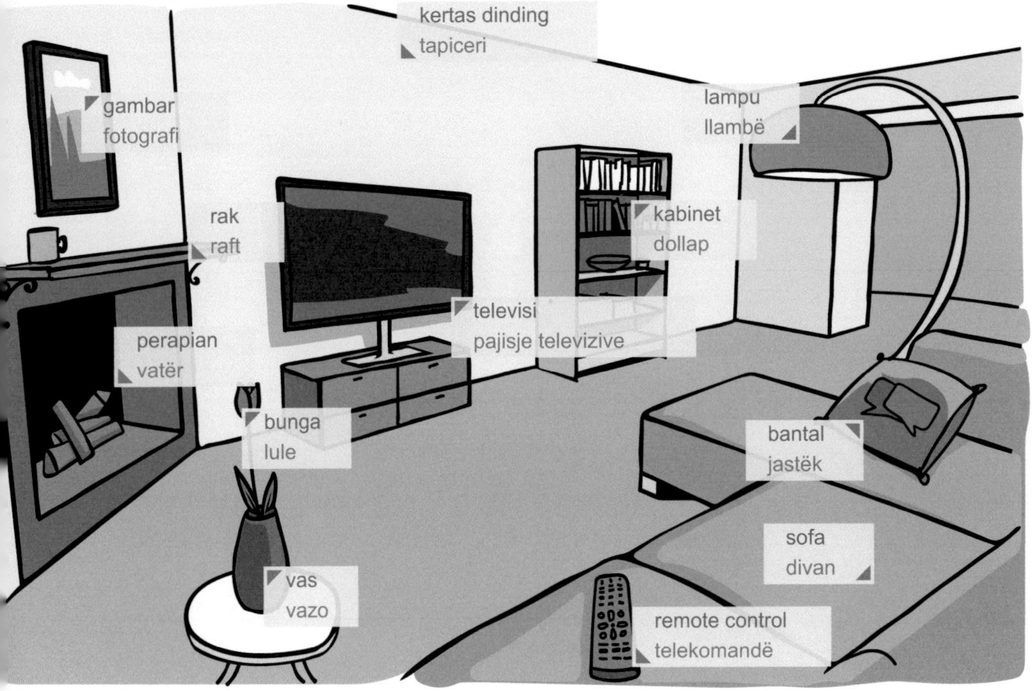

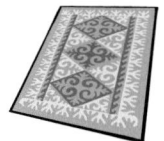

karpet

qilim

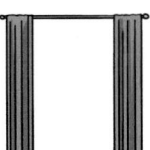

korden

perde

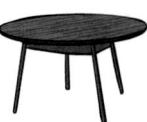

meja

tavolinë

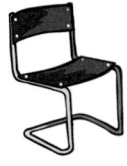

kursi

karrige

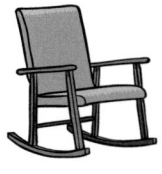

kursi goyang

karrige lëkundëse

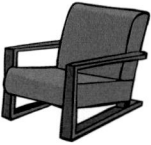

kursi malas

kolltuk

buku
libri

selimut
batanije

dekorasi
zbukurime

kayu bakar
dru zjarri

filem
film

hi-fi
stereo

kunci
çelës

koran
gazetë

lukisan
pikturë

poster
afishe

radio
radio

buku tulis
bllok shënimesh

penyedot debu
fshesë me korent

kaktus
kaktus

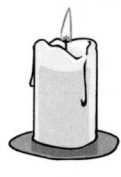

lilin
qiri

dapur
kuzhinë

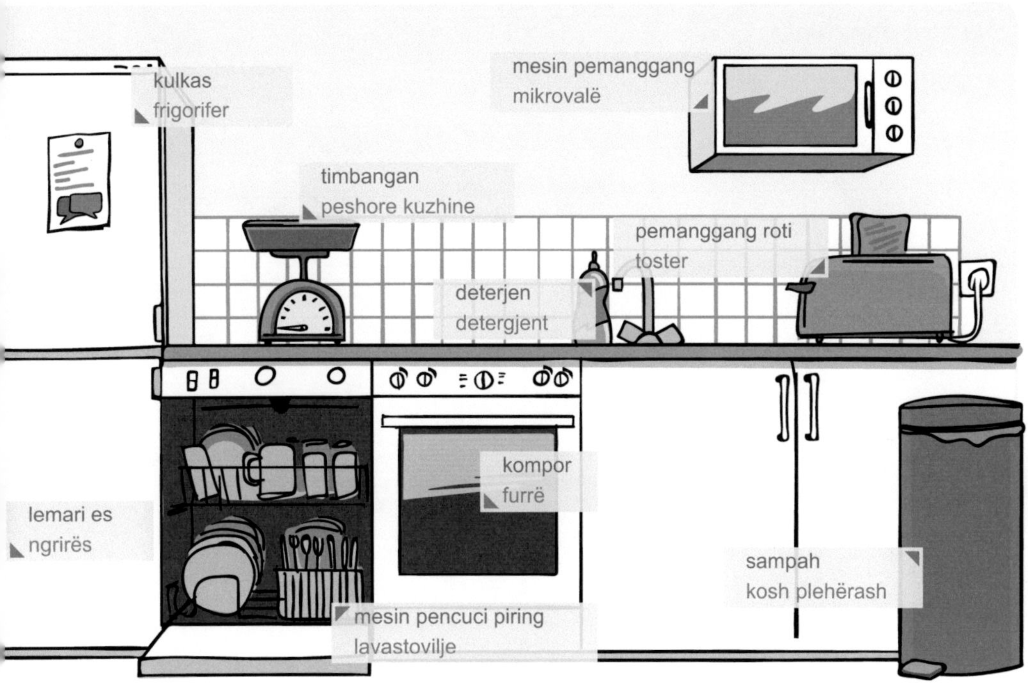

kulkas
frigorifer
mesin pemanggang
mikrovalë
timbangan
peshore kuzhine
pemanggang roti
toster
deterjen
detergjent
kompor
furrë
lemari es
ngrirës
sampah
kosh plehërash
mesin pencuci piring
lavastovilje

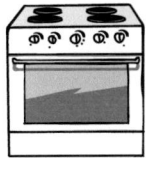

kompor

sobë

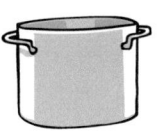

panci

tenxhere

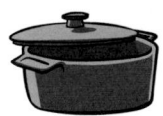

panci besi

tenxhere me kapak

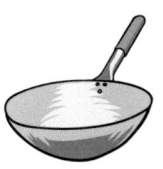

wajan

tigan special (Wok)

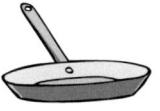

panci

tigan

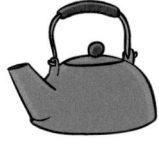

pemanas air

çajnik

panci pengukus makanan

tenxhere me avull

nampan

tavë pjekjeje

piring

enë

cangkir

filxhan

mangkok

tas

sumpit

shkopinj

sendok sup

garuzhde

sudip

spatul

mengocok

tel kuzhine

saringan

kulluese

saringan

sitë

parutan

rende

mortir

havan

barbeque

skarë

api terbuka

zjarr

papan memotong

dërrasë për prerje

gilingan

okllai

alat pembuka botol

heqëse tapash

kaleng

kanaçe

pembuka kaleng

hapëse kanaçeje

pegangan panci

rrobë për të kapur
tenxheren

wastafel

lavaman

sikat

furçë

busa

sfungjer

mesin pencampur

përzjerës

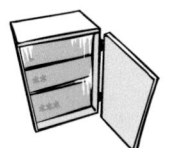

lemari es

ngrirës

botol bayi

biberon për lëngje

keran

rubinet

kamar mandi

tualet

mesin pemanas
ngrohje
mandi
dush
handuk
peshqirë
tirai kamar mandi
perde dushi
mandi busa
vaskë me shkumë
bak mandi
vaskë
gelas
gotë
mesin cuci
lavatriçe
keran
rubinet
ubin
pllaka
pispot
oturak
wastafel
lavaman

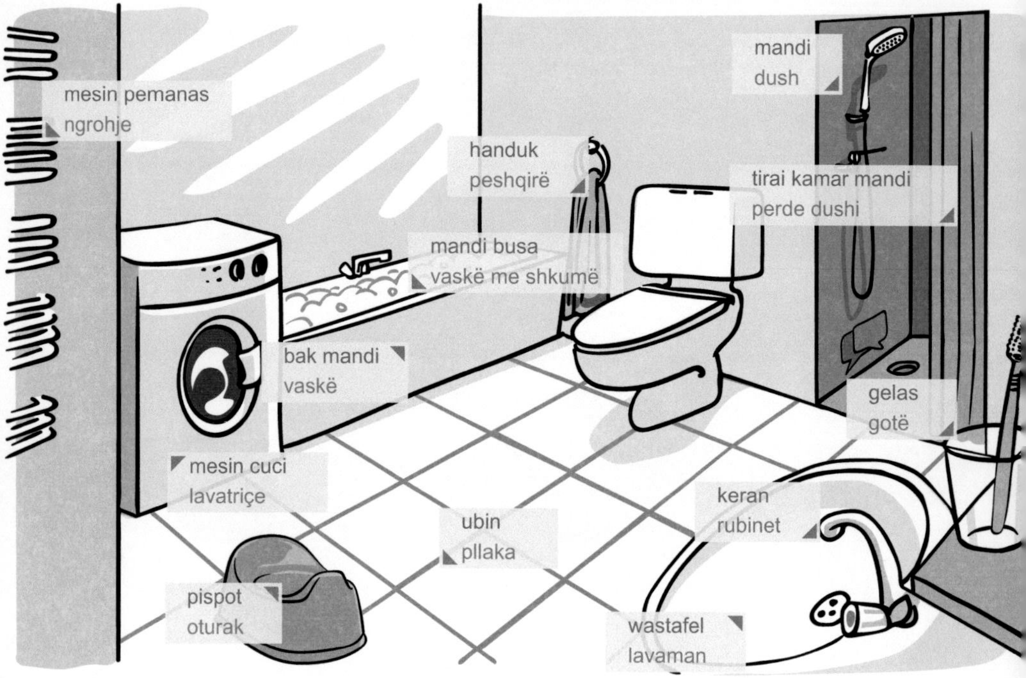

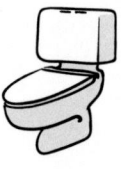

toilet

tualet

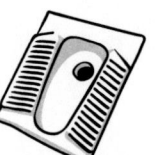

toilet jongkok

WC e sheshtë

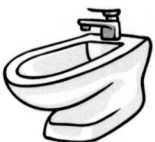

bidet

bide

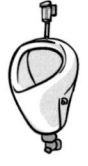

pissoir

tualet publik

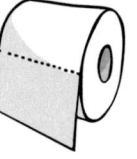

kertas toilet

letër higjienike

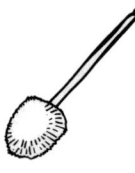

sikat toilet

furçe për WC

sikat gigi

furçë dhëmbësh

pasta gigi

pastë dhëmbësh

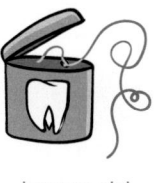

benang gigi

fije dentare

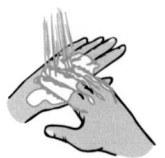

menyuci

laj

pancuran tangan

dorezë dushi

pancuran

larës për zonën intime

bak

legen

sikat punggung

furçë për masazh shpine

sabun

sapun

gel mandi

shampo trupi

sampo

shampo

planel

leckë pastruese

kuras

kullues

krim

krem

deodoran

antidjersë

kaca

pasqyrë

cermin tangan

pasqyrë dore

pisau cukur

brisk rroje

busa cukur

shkumë rroje

aftershave

locion pas rrojes

sisir

krehër

sikat

furçë

alat pengering rambut

tharëse flokësh

semprot rambut

llak për flokët

makeup

grim

lipstik

buzëkuq

cat kuku

manikyr

kapas

mbushje pambuku

gunting kuku

gërshërë për thonj

minyak wangi

parfum

kantong pencuci

antë për sendet personale

bangku

Stol

timbangan

peshore

mantel mandi

robëdëshambër

sarung tangan karet

dorashka gome

tampon

tampon

handuk pembalut

peceta higjienike

toilet kimia

tualet I lëvizshëm

kamar anak
dhomë fëmijësh

jam alarm
orë me zile
boneka tidur
lodra me pellushë
mobil-mobilan
makinë lodër
kelintung
rraketake
rumah boneka
shtëpi kukullash
kado
dhuratë

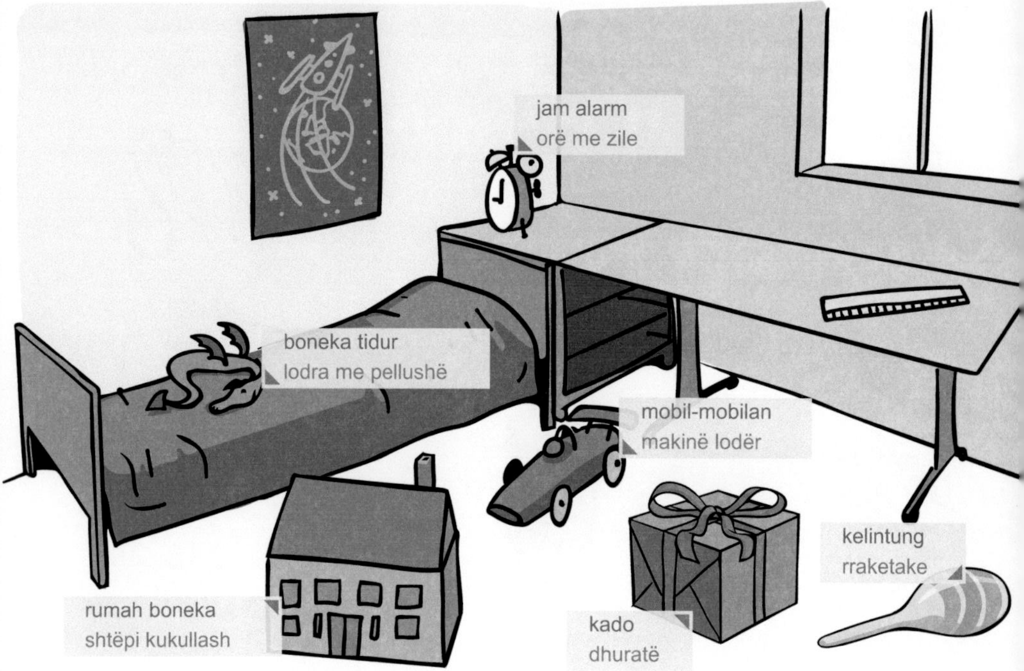

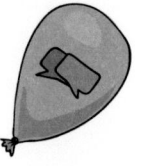

balon
tollumbace

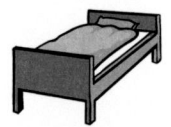

tempat tidur
krevat

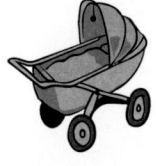

kereta bayi
karrocë fëmijësh

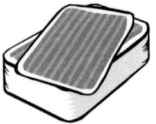

mainan kartu
lojë me letra

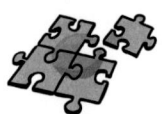

teka-teki
bashkim pjesësh me figura

SUPER
MEGA
komik
komik

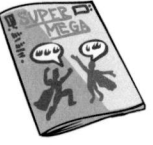

mainan lego

formuese lodër

blok mainan

kuba plastikë

figur aksi

lodra

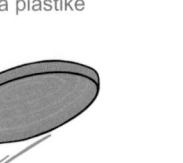

baju monyet

badi

frisbee

frizbi

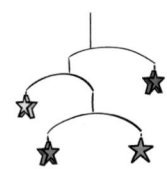

mobile

lodra të varura tek krevati i fëmijëve

permainan papan

tavolinë lojërash

dadu

zare

set model kreta api

model treni

dot

biberon

pesta

festë

buku gambar

libër me ilustrime

bola

top

boneka

kukull

bermain

luaj

tempat main pasir

grumbull rëre

ayunan

kolovarëse

mainan

lodra

video game konsol

leva për lojra video

sepeda roda tiga

triçikël

teddy

arush prej pellushi

lemari pakaian

garderobë

pakaian

veshje

kaos kaki

çorape

kaos kaki

çorape të gjata

baju ketat

geta

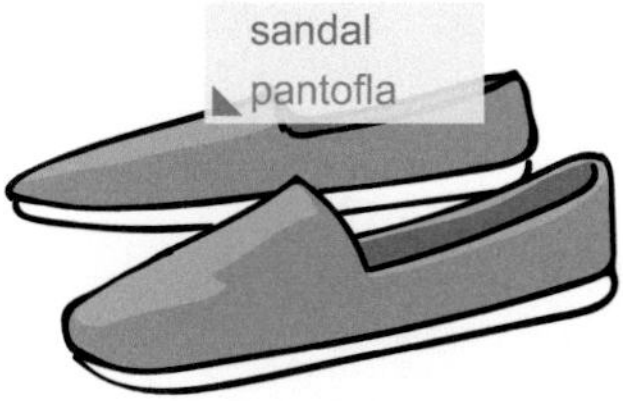

syal
shall

payung
çadër

kaos
bluzë pa jakë

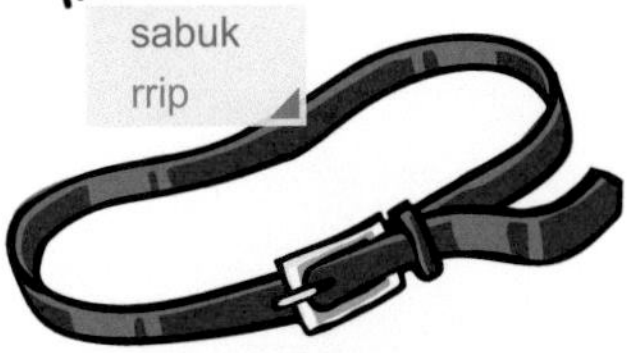

sabuk
rrip

sepatu bot
çizme

sandal
pantofla

sepatu
atlete

sandal
....
sandale

sepatu
....
këpucë

sepatu bot karet
....
çizme llastiku

celana dalam
....
të mbathura

BH
....
reçipeta

baju rompi
....
kanotierë

body

trup

celana

pantallona

jeans

xhinse

rok

fund

blus

bluzë

kemeja

këmishë

aket berkerudung

pulovër

sweater

triko

jaket

xhaketë

jaket

xhaketë

mantel

pallto

jas hujan

mushama shiu

kostum

kostum

gaun

fustan

gaun pengantin

fustan nusërie

setelan resmi

kostum

gaun tidur

këmishë nate

piyama

pizhama

sari

sari (veshje tradicionale indiane)

jilbab

shami koke

turban

çallmë

burka

veshje për femrat e besimit musliman

kaftan

kaftan (lloj veshjeje tradicionale)

abaya

ferexhe

pakaian renang

kostum banje

celana renang

rroba banje

celana pendek

pantallona të shkurtra

olah raga

tuta sporti

celemek

përparëse

sarung tangan

dorashka

kancing

kopsë

kacamata

syze

gelang

byzylyk

kalung

gjerdan

cincin

unazë

anting

vath

topi

kapuç

gantungan mantel

varëse për pallto

topi

kapele

dasi

kravatë

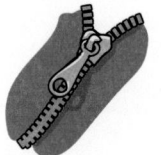

ritsleting

zinxhir

helm

helmetë

tali selempang

tiranda

seragam sekolah

uniformë shkolle

seragam

uniformë

pakaian - veshje

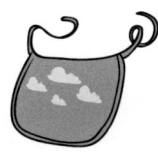

oto

gushore

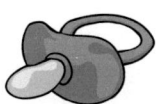

dot

biberon

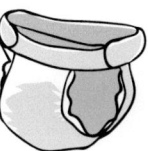

popok

pelenë

kantor

zyrë

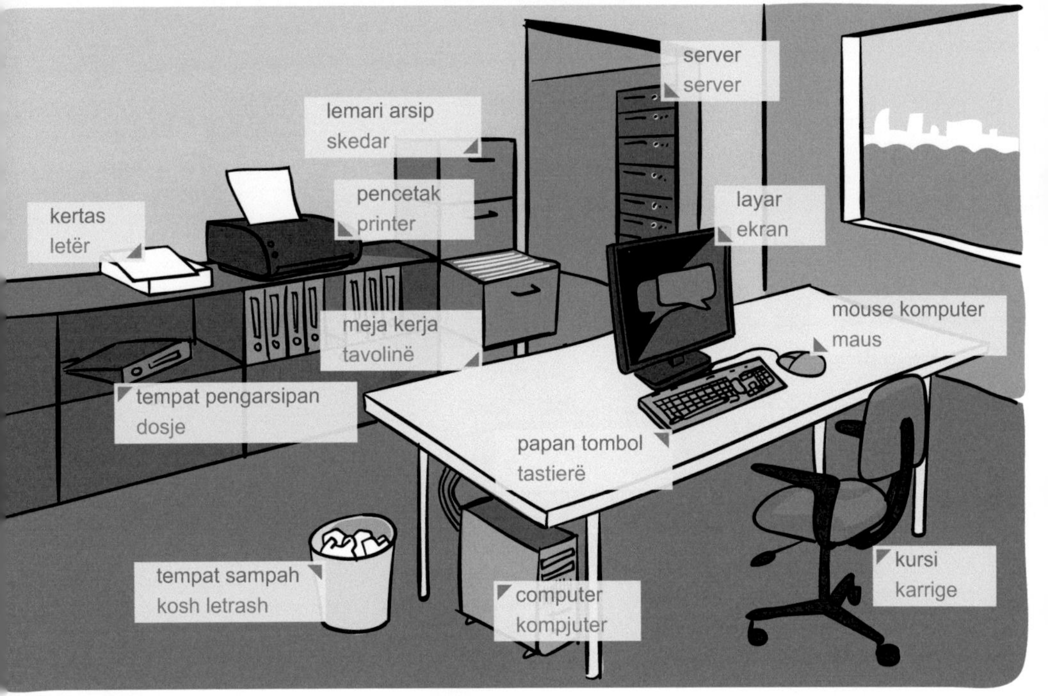

server
server
lemari arsip
skedar
pencetak
printer
kertas
letër
layar
ekran
mouse komputer
maus
meja kerja
tavolinë
tempat pengarsipan
dosje
papan tombol
tastierë
tempat sampah
kosh letrash
computer
kompjuter
kursi
karrige

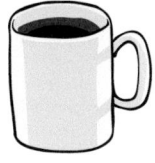

cangkir kopi

filxhan kafeje

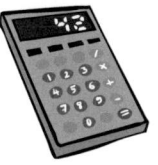

kalkulator

makinë llogaritëse

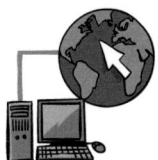

internet

internet

laptop

kompjuter portativ

surat

letër

pesan

mesazh

telepon seluler

telefon

jaringan

rrjet

fotokopi

fotokopje

software

program

telepon

telefon

plug soket

prizë

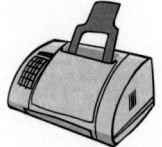

mesin fax

pajisje faksi

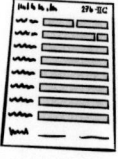

formulir

formular

dokumen

dokument

membeli
blej

membayar
paguaj

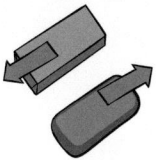

berdagang
tregtoj

uang
para

Dollar
dollar

Euro
euro

Yen
jen

Rubel
rubla

Franc Swiss
franga zvicerane

Renminbi Yuan
juani kinez

Rupiah
rupje

ATM
bankomat

kantor pertukaran mata uang
pikë këmbimi valutor

emas
ar

perak
argjend

minyak
nafta

energi
energji

harga
çmim

kontrak
kontratë

pajak
taksë

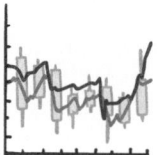

saham
aksione

bekerja
punoj

karyawan
punonjës

majikan
punëdhënës

pabrik
fabrikë

toko
dyqan

pekerjaan
profesionet

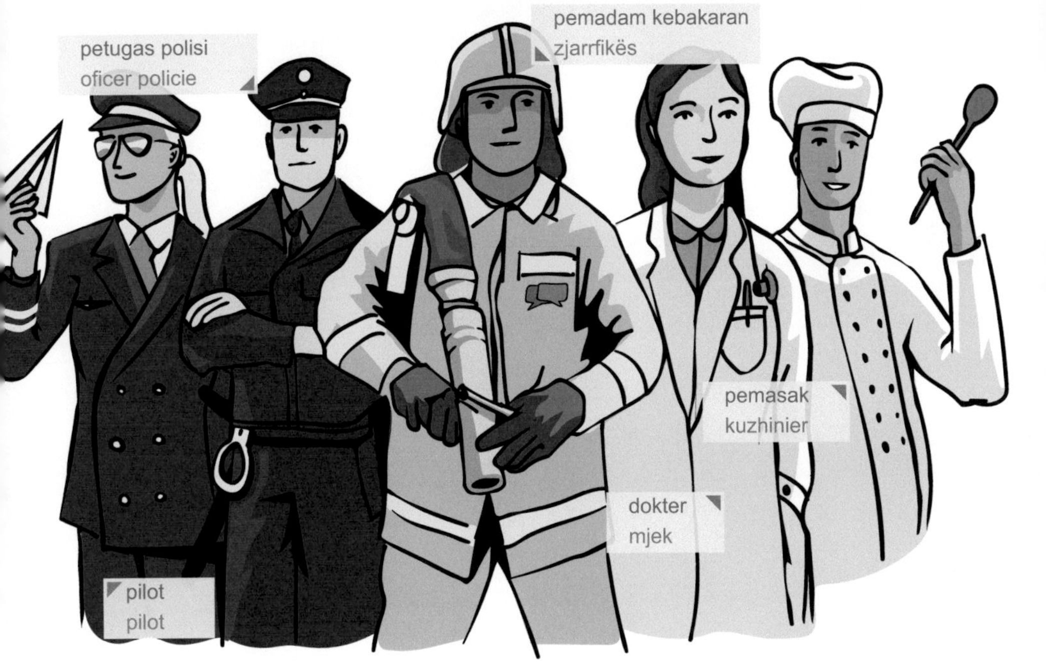

petugas polisi
oficer policie
pemadam kebakaran
zjarrfikës
pemasak
kuzhinier
dokter
mjek
pilot
pilot

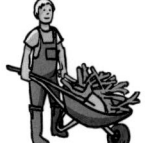

tukan kebun

kopshtar

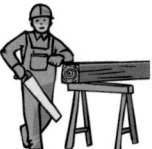

tukang kayu

marangoz

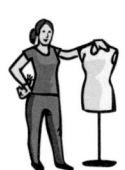

penjahit wanita

rrobaqepëse

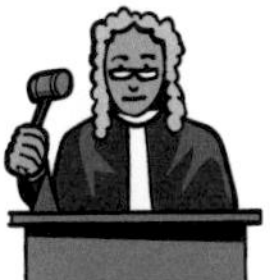

hakim

gjykatës

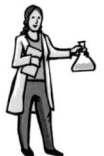

ahli kimia

kimist

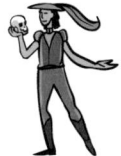

aktor

aktor

sopir bis

shofer autobuzi

sopir taksi

taksist

nelayan

peshkatar

pembantu

pastruese

tukang atap

riparues çatish

pelayan

kamarier

pemburu

gjuetar

pelukis

piktor

tukang roti

furrxhi

tukang listrik

elektriçist

pembangun

ndërtues

insinyur

inxhinier

tukang daging

kasap

tukang ledeng

hidraulik

tukang pos

postieri

tentara

ushtar

arsitek

arkitekt

kasir

arkëtar

penjual bunga

luleshitës

penata rambut

berber

konduktor

kontrollor

montir

mekanik

kapten

kapiten

dokter gigi

dentist

ilmuwan

shkencëtar

rabbi

rabin

imam

imam

biarawan

murg

pendeta

klerik

alat
mjete

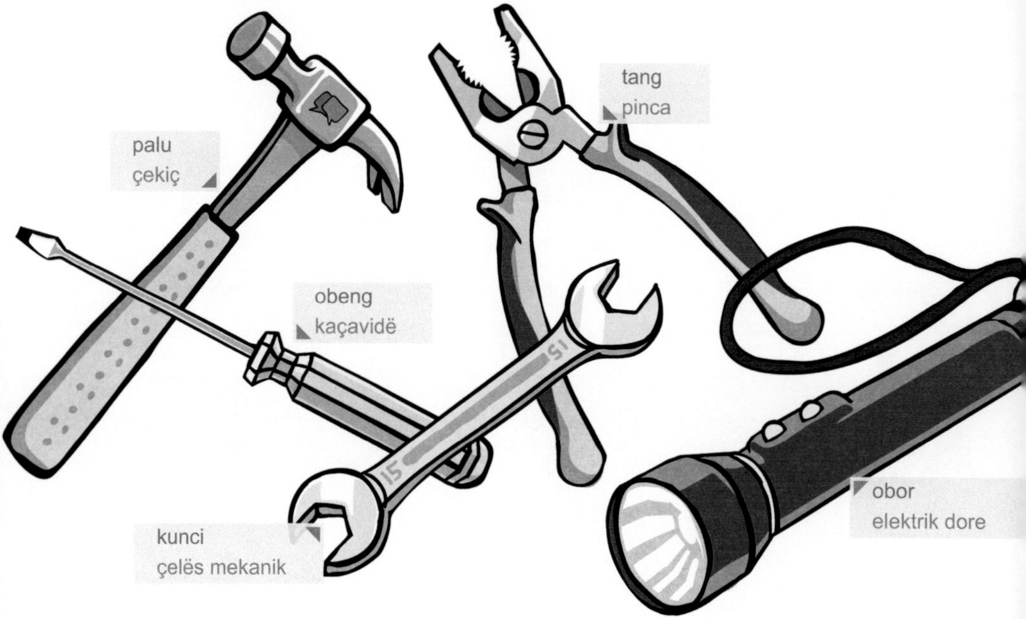

palu
çekiç
tang
pinca
obeng
kaçavidë
kunci
çelës mekanik
obor
elektrik dore

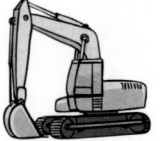

penggali

ekskavator

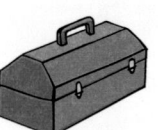

tas perkakas

kuti veglash

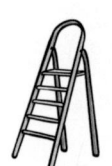

tangga

shkallë

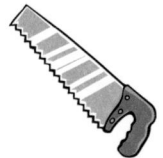

gergaji

sharrë

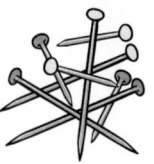

paku

gozhdë

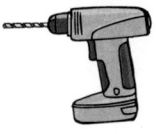

bor

trapan

perbaikan

riparoj

sekop

lopatë

Sialan!

Dreq!

cikrak

kaci

pot cat

kuti boje

sekrup

vidhë

alat musik
instrumenta muzikorë

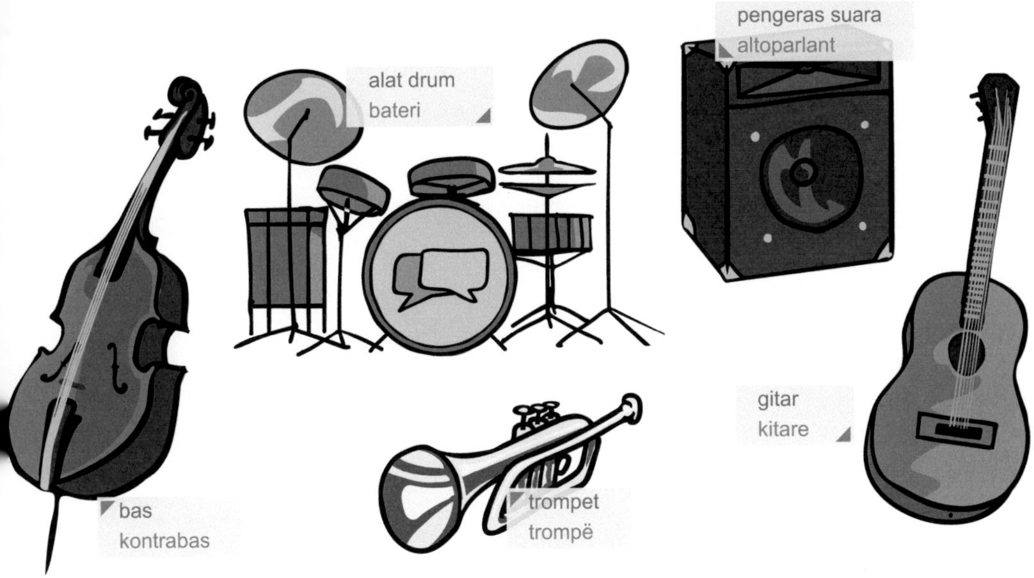

pengeras suara
altoparlant

alat drum
bateri

gitar
kitare

bas
kontrabas

trompet
trompë

piano
piano

violin
violinë

bass
bas

tambur
tamburë

drum
daulle

keyboard
tastierë pianoje

saksofon
saksofon

suling
flaut

mikrofon
mikrofon

kebun binatang

kopsht zoologjik

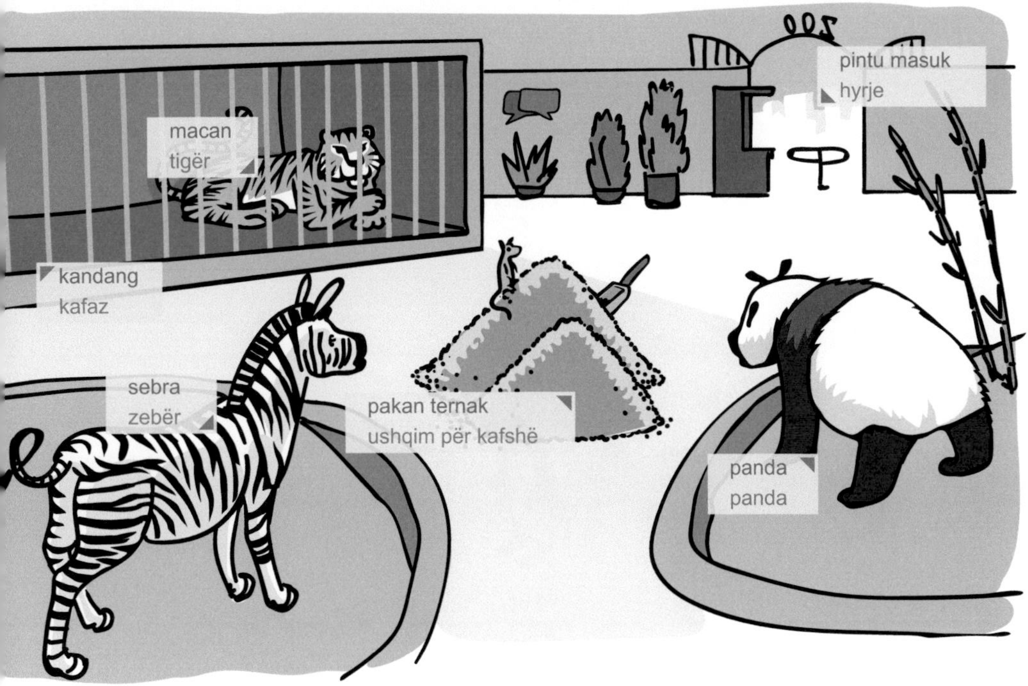

pintu masuk
hyrje
macan
tigër
kandang
kafaz
sebra
zebër
pakan ternak
ushqim për kafshë
panda
panda

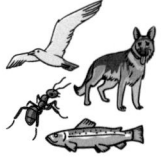

hewan

kafshë

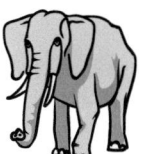

gajah

elefant

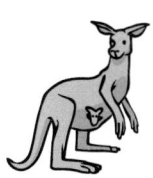

kanguru

kangur

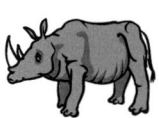

badak

rinoceront

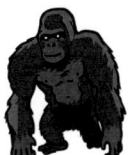

gorila

gorillë

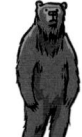

beruang

ari

unta

deve

burung unta

struc

singa

luan

monyet

majmun

flamingo

flamingo

burung beo

papagall

beruang polar

ari polar

penguin

pinguin

hiu

peshkaqen

merak

pallua

ular

gjarpër

buaya

krokodil

penjaga kebun binatang

punonjës i kopshtit zoologjik

segel

fokë

jaguar

xhaguar

kuda poni

poni

macan tutul

leopard

kuda nil

hipopotam

jerapah

gjirafë

burung elang

shqiponjë

babi jantan

derr i egër

ikan

peshk

kura-kura

breshkë

anjing laut

lopë deti

rubah

dhelpër

kijang

gazelë

american football
futboll amerikan

naik sepeda
çiklizëm

tennis
tenis

basketbal
basketboll

bernang
not

tinju
boks

hoki es
hokej mbi akull

sepak bola
futboll

badminton
badminton

atletik
atletikë

bola tangan
hendboll

main ski
ski

polo
polo

aktivitas
aktivitet

ketawa
qesh
meloncat
hidhem
memeluk
përqafoj
menyanyi
këndoj
berjalan
eci
mengimpi
ëndërroj
berdoa
lutem
mencium
puth

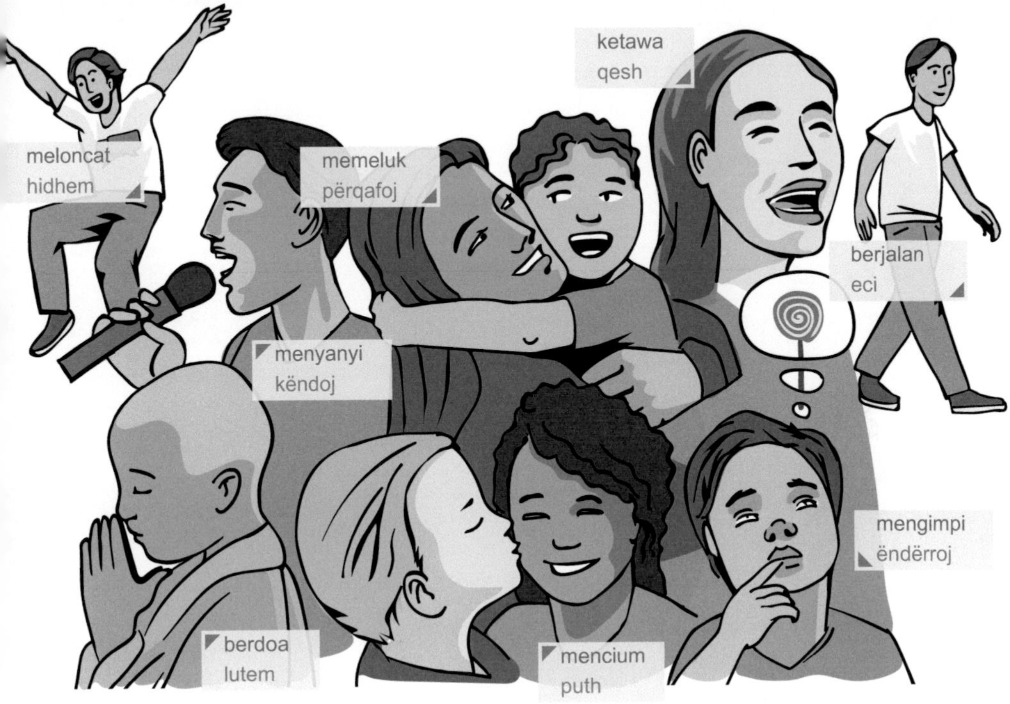

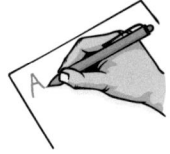

menulis
shkruaj

melukis
vizatoj

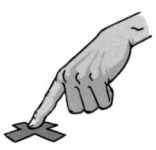

menunjuk
tregoj

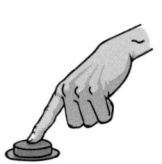

mendorong
shtyj

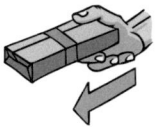

memberikan
jap

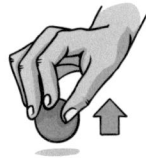

mengambil
marr

mempunyai

kam

melakukan

bëj

adalah

jam

berdiri

qëndroj

berlari

vrapoj

menarik

tërheq

melempar

hedh

jatuh

bie

tidur

shtrihem

menunggu

pres

membawa

mbaj

duduk

ulem

berpakaian

vishem

tidur

fle

bangun

zgjohem

melihat

shikoj

menangis

qaj

mengelus

përkëdhel

menyisir

kreh

berbicara

bisedoj

mengerti

kuptoj

menanyak

kërkoj

mendengar

dëgjoj

minum

pi

makan

ha

merapikan

sistemoj

cinta

dashuroj

memasak

gatuaj

menyetir

drejtoj makinën

terbang

fluturoj

aktivitas - aktivitet

berlayar

lundroj

menghitung

llogaris

membaca

lexoj

belajar

mësoj

bekerja

punoj

menikah

martohem

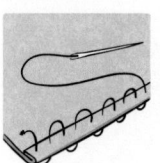

menjahit

qep

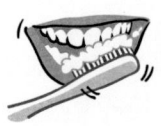

sikat gigi

laj dhëmbët

membunuh

vras

merokok

tymos

kirim

dërgoj

keluarga

familje

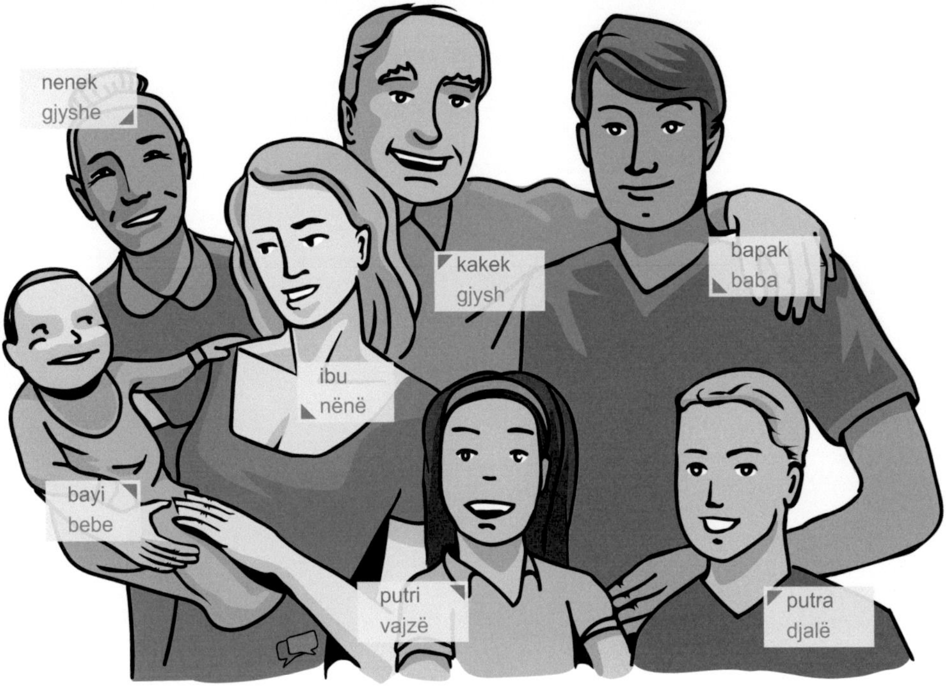
nenek
gjyshe
kakek
gjysh
bapak
baba
ibu
nënë
bayi
bebe
putri
vajzë
putra
djalë

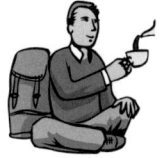

tamu

mysafir

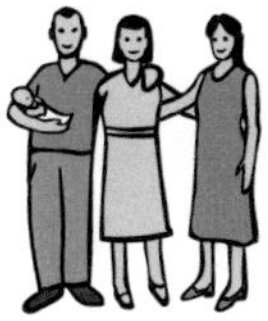

bibi

teze, hallë

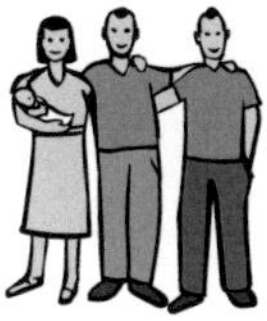

paman

dajë, xhaxha

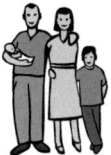

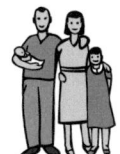

kakak laki

vëlla

kakak perempuan

motër

badan

trupi

dahi
balli
mata
syri
bahu
shpatulla
jari
gishti
muka
fytyra
dagu
mjekra
tangan
dora
payudara
kraherori
kaki
këmba
lengan
krahu

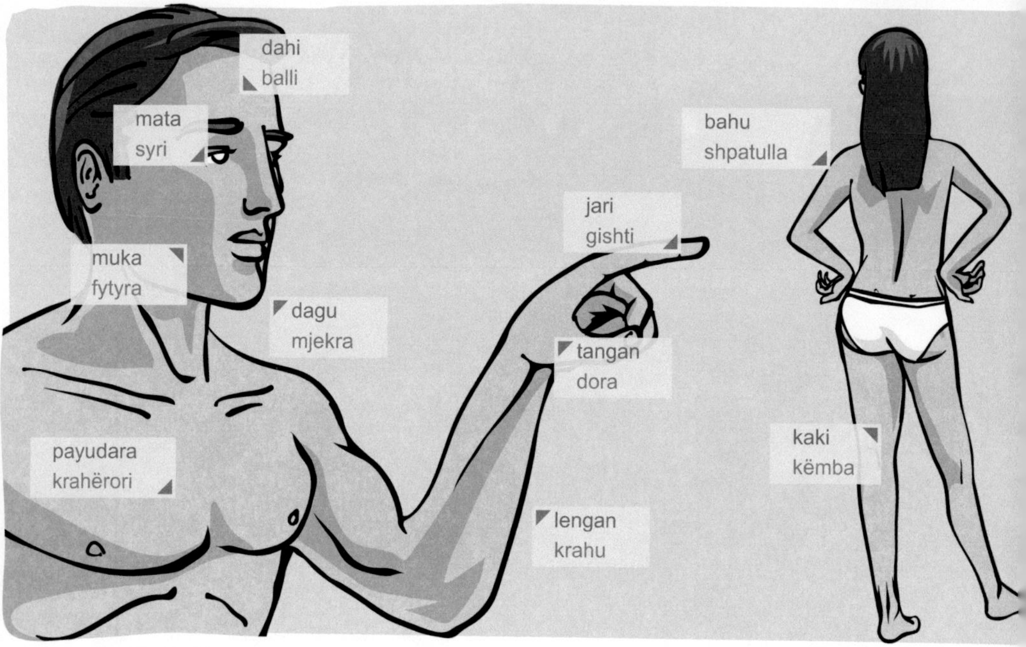

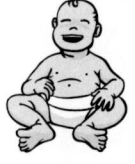

bayi

bebe

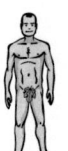

pria

burrë

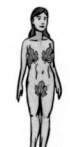

wanita

grua

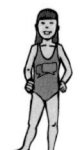

perempuan

vajzë

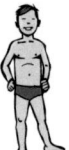

laki

djalë

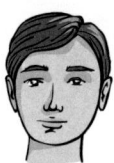

kepala

koka

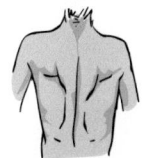

punggung

shpina

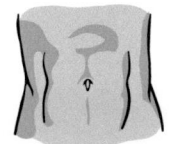

perut

barku

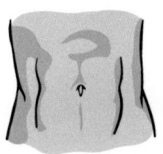

pusar

kërthiza

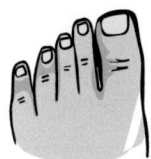

toe

gisht këmbe

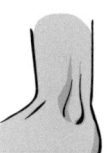

tumit

Thembra

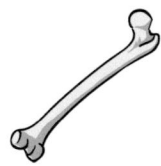

tulang

kockë

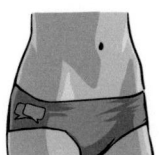

pinggang

legeni

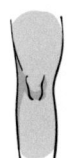

lutut

gjuri

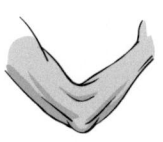

siku

bërryli

hidung

hunda

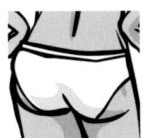

pantat

vithe

kulit

lëkura

pipi

faqja

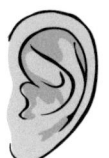

telinga

veshi

bibir

buza

mulut

goja

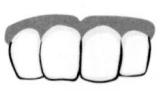

gigi

dhëmbët

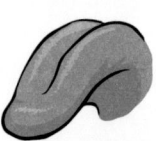

lidah

gjuha

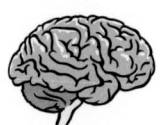

otak

truri

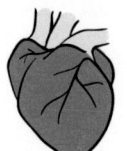

jantung

zemra

otot

muskul

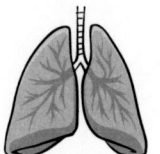

paru-paru

mushkëria

hati

mëlçia

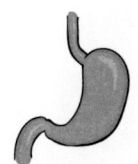

stomach

stomaku

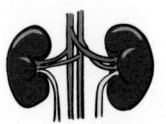

ginjal

veshka

hubungan seks

seks

kondom

prezervativ

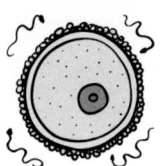

sel telur

veza

sperma

sperma

kehamilan

shtatëzani

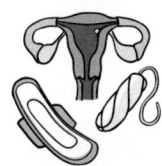

menstruasi
menstruacione

vagina
vagina

penis
penis

alis
vetulla

rambut
flokët

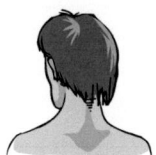

leher
qafa

rumah sakit
spital

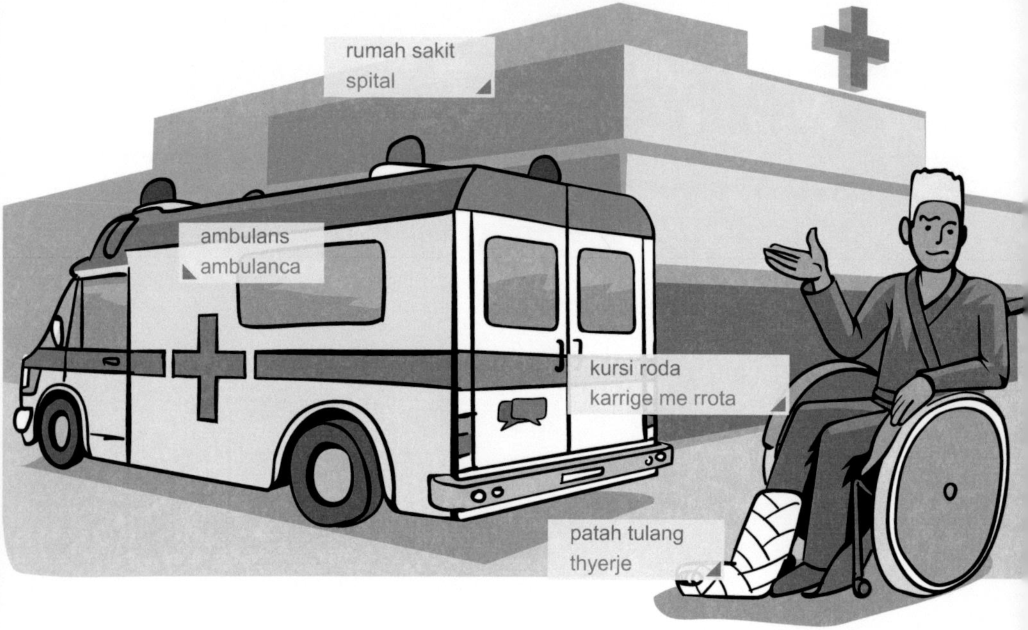

rumah sakit
spital
ambulans
ambulanca
kursi roda
karrige me rrota
patah tulang
thyerje

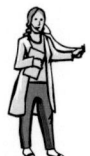

dokter

mjek

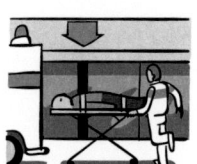

ruang darurat

sallë urgjencash

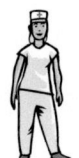

perawat

infermiere

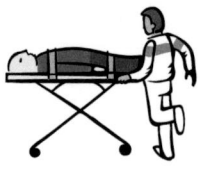

darurat

emergjencë

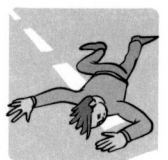

semaput

i pandërgjegjshëm

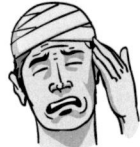

sakit

dhimbje

cedera

dëmtim

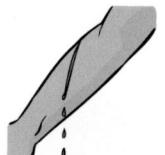

perdarahan

gjakosje

serangan jantung

infarkt

stroke

goditje

alergi

alergji

batuk

kolla

demam

ethe

flu

grip

diare

diarre

sakit kepala

dhimbje koke

kanker

kancer

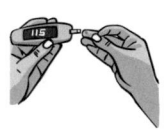

diabetes

diabet

ahli bedah

kirurg

pisau bedah

bisturi

operasi

operacion

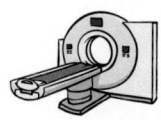

CT

CT (skaner)

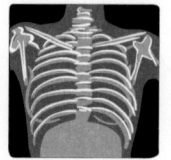

sinar x

radiografi

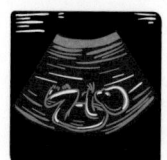

usg

ultratingull

topeng

maskë fytyre

penyakit

sëmundje

ruang tunggu

dhomë pritjeje

penyokong

paterica

plester

leukoplast

perban

fasho

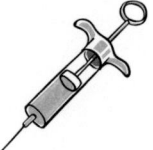

injeksi

injeksion

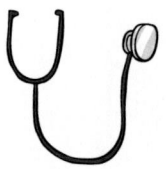

stetoskop

stetoskop

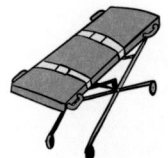

usungan

barelë

termometer klinis

termometër

kelahiran

lindje

kelebihan berat badan

mbipeshë

alat pendengar

aparat dëgjimi

desinfektan

dezinfektant

infeksi

infeksion

virus

virus

HIV / AIDS

HIV / AIDS

obat

mjekësi, mjekim

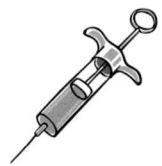

vaksinasi

vaksinim

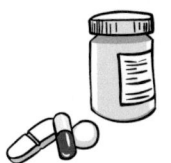

tablet

tableta

pil

pilulë

panggilan darurat

telefonatë emergjence

ukur tekanan darah

aparat tensioni

sakit / sehat

i sëmurë / i shëndetshëm

Tolong!

Ndihmë!

alarm

alarm

penyerbuan

sulm

serangan

atak

bahaya

rrezik

pintu darurat

dalje emergjence

Api!

Zjarr!

alat pemadam kebakaran

fikëse zjarri

kecelakaan

aksident

kit pertolongan pertama

kuti e ndimës së shpejtë

SOS

SOS

polisi

policia

Eropa

Europa

Amerika Utara

Amerika e Veriut

Amerika Selatan

Amerika e Jugut

Afrika

Afrika

Asia

Azia

Australi

Australia

Atlantik

Atlantiku

Pasifik

Paqësori

Samudra India

Oqeani Indian

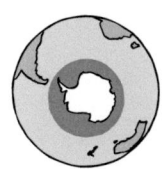

Samudra Antartika

Oqeani Antarktik

Samudra Arktik

Oqeani Arktik

kutub utara

Poli i veriut

kutub selatan

Poli i Jugut

Antarktika

Antarktida

bumi

toka

tanah

tokë

laut

det

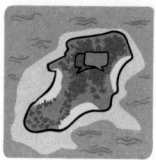

pulau

ishull

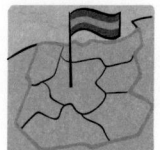

bangsa

komb

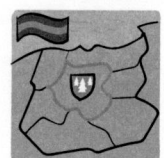

negara

shtet

jam wajah

fusha e orës

jarum pendek

akrepi i orës

jarum menit

akrepi i minutave

jarum detik

akrepi i sekondave

Jam berapa?

Sa është ora?

hari

ditë

waktu

kohë

sekarang

tani

jam digital

orë dixhitale

menit

minutë

jam

orë

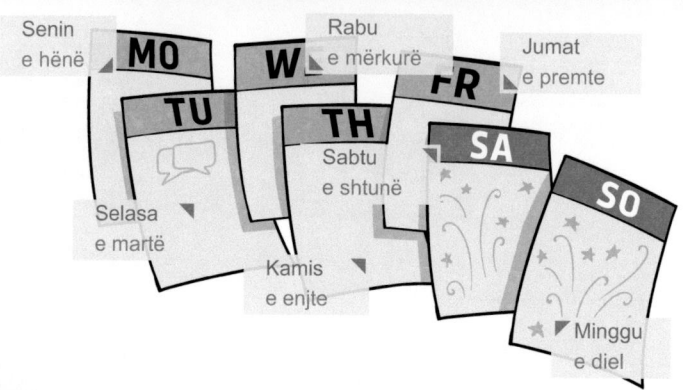

Senin — e hënë
Rabu — e mërkurë
Jumat — e premte
Selasa — e martë
Sabtu — e shtunë
Kamis — e enjte
Minggu — e diel

kemaren

dje

hari ini

sot

besok

nesër

pagi

mëngjes

siang

mesditë

malam

mbrëmje

hari kerja

ditë pune

akhir minggu

fundjavë

hujan
shi

pelangi
ylber

angin
erë

salju
borë

musim semi
pranverë

musim panas
verë

musim gugur
vjeshtë

musim dingin
dimër

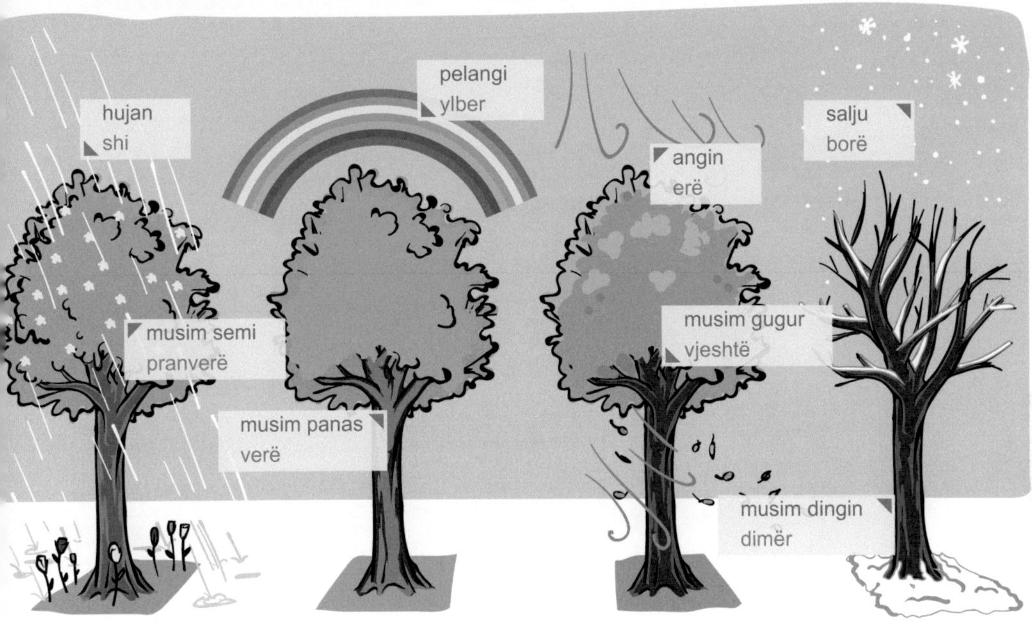

ramalan cuaca
parashikimi i motit

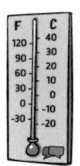

termometer
termometër

matahari
ndriçim dielli

awan
re

kabut
mjegull

kelembahan
lagështi

kilat

vetëtima

guntur

gjëmim

badai

stuhi

hujan es

breshër

monsun

muson

banjir

përmbytje

es

akull

Januari

janar

Februari

shkurt

Maret

mars

April

prill

Mei

maj

Juni

qershor

Juli

korrik

Agustus

gusht

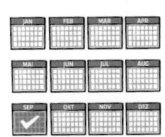

September
....
shtator

Oktober
....
tetor

November
....
nëntor

Desember
....
dhjetor

lingkaran
....
rreth

persegi
....
katror

persegi panjang
....
drejtkëndësh

segi tiga
....
trekëndësh

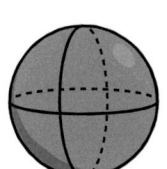

bola
....
sferë

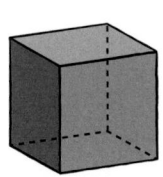

kubus
....
kub

putih

e bardhë

kuning

e verdhë

oranye

portokalli

pink

rozë

merah

e kuqe

ungu

vjollcë

biru

blu

hijau

e gjelbër

coklat

kafe

abu-abu

gri

hitam

e zezë

banyak / sedikit

shumë / pak

marah / tenang

i nevrikosur / i qetë

cantik / jelek

i bukur / i shëmtuar

mulaih / selesai

fillim / fund

besar / kecil

i madh / i vogël

terang / gelap

i ndritshëm / i errët

saudara laki-laki / saudara perempuan

vëlla / motër

bersih / kotor

e pastër / e pistë

lengkap / tidak lengkap

e plotë / jo e plotë

hari / malam

ditë / natë

mati / hidup

gjallë / vdekur

luas / sempit

i gjerë / i ngushtë

dapat dimakan / tidak dapat dimakan

i ngrënshëm / i pangrënshëm

jahat / baik

i keq / i këndshëm

bersemangat / bosan

i lumtur / i mërzitur

gemuk / kurus

i shëndoshë / i dobët

pertama / terakhir

e para / e fundit

teman / musuh

mik / armik

penuh / kosong

plot / bosh

keras / lembut

e fortë / e butë

berat / enteng

e rëndë / e lehtë

lapar / haus

uri / etje

sakit / sehat

i sëmurë / i shëndetshëm

ilegal / legal

e paligjshme / e ligjshme

cerdas / bodoh

i zgjuar / budalla

kiri / kanan

majtas / djathtas

dekat / jauh

afër / larg

baru / bekas

e re / e përdorur

tidak ada apapun / sesuatu

asgjë / diçka

tua / muda

i moshuar / i ri

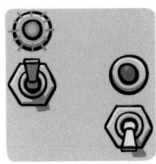

nyala / mati

ndezur / fikur

buka / tutup

hapur / mbyllur

tenang / keras

i qetë / i zhurmshëm

kaya / miskin

i pasur / i varfër

benar / salah

e drejtë / e gabuar

kasar / halus

i ashpër / i butë

sedih / gembira

i mërzitur / i lumtur

pendek / panjang

i shkurtër / i gjatë

pelan-pelan / cepat

ngadalë / shpejt

basah / kering

i lagësht / i thatë

hangat / sejuk

ngrohtë / freskët

perang / damai

luftë / paqe

0

nol

zero

1

satu

një

2

dua

dy

3

tiga

tre

4

empat

katër

5

lima

pesë

6

enam

gjashtë

7

tujuh

shtatë

8

delapan

tetë

9

sembilan

nentë

10

sepuluh

dhjetë

11

sebelas

njëmbëdhjetë

12

duabelas

dymbëdhjetë

13

tigabelas

trembëdhjetë

14

empatbelas

katërmbëdhjetë

15

limabelas

pesëmbëdhjetë

16

enambelas

gjashtëmbëdhjetë

17

tujuhbelas

shtatëmbëdhjetë

18

delapanbelas

tetëmbëdhjetë

19

sembilanbelas

nentëmbëdhjetë

20

duapuluh

njëzetë

100

seratus

qind

1.000

seribu

mijë

1.000.000

juta

milion

Inggris

anglisht

bahasa Inggris Amerika

anglishte amerikane

bahasa Cina Mandarin

kinezisht mandarin

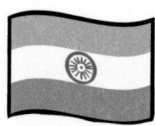

bahasa Hindi

hindi

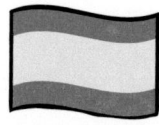

bahasa Spanyol

spanjisht

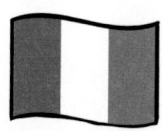

bahasa Perancis

frëngjisht

bahasa Arab

arabisht

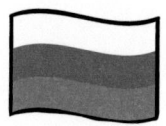

bahasa Rusia

rusisht

bahasa Portugis

portugalisht

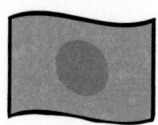

bahasa Bengal

bengalisht

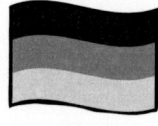

bahasa Jerman

gjermanisht

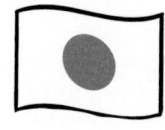

bahasa Jepang

japonisht

saya

unë

kamu

ti

dia

ai / ajo

kita

ne

kalian

ju

mereka

ata

siapa?

kush?

apa?

çfarë?

begaimana?

si?

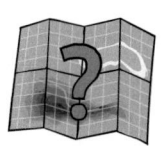

dimana?

ku?

kapan?

kur?

nama

emër

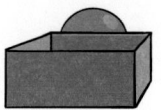

dibelakang

pas

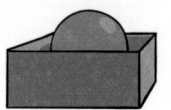

di

në

didepan

përballë

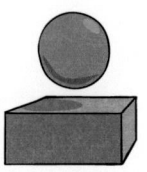

diatas

sipër

diatas

mbi

dibawah

poshtë

sebelah

pranë

di antara

midis

tempat

vend